Le Monde de Coralie

Les vacances de Coralie

M ÉDITIONS
MARIE-EVE PROVENCHER

DE LA MÊME AUTEURE

Les aventures de Toupie
La naissance d'une héroïne, 2014
Toupie chez l'ermite, 2015

Le monde de Coralie
Les vacances de Coralie, 2015
La nouvelle vie de Coralie, 2015

Livres à colorier
Livre des Personnages à colorier
Le Monde de Coralie à colorier

Pour vous procurer plus de livres de la même auteure, rendez-vous sur le site Web :
www.livrefantaisie.ca

Le Monde de Coralie

Les Vacances de Coralie

Marie-Eve Provencher

Texte et dessins

Catalogage avant publication de Bibliothèque et Archives nationales du Québec et Bibliothèque et Archives Canada

Provencher, Marie-Eve, 1986-

Les Vacances de Coralie
(Le Monde de Coralie; tome 1)
Littérature jeunesse

ISBN : 978-2-9814786-2-7

Couverture et illustrations
Marie-Eve Provencher

Dépôt légal – Bibliothèque et Archives nationales du Québec, 2015
Dépôt légal – Bibliothèque et Archives Canada, 2015

Pour Audrey, Gabrielle, Marilou,
Annabelle et Marianne

I

La fin des classes

L'année scolaire s'est déroulée à merveille, selon Coralie. Madame Mireille a choisi comme thème les papillons, l'insecte préféré de la fillette. Toute l'année, les quatorze élèves du groupe ont capturé des papillons pour les garder en captivité dans un grand insectarium, installé au fond de la classe.

On y trouve toutes sortes de papillons : des multicolores, des grands et d'autres minuscules. Tous les jours, les élèves regardent les insectes voler. Ils ont même dessiné un énorme portrait de leur papillon préféré. Une grande muraille de dessins est accrochée sur le mur de la classe.

Le groupe de Coralie est parfait, selon elle. Il y a autant de filles que de garçons et tout le monde s'entend à merveille. Marilou et Loralie sont les deux meilleures amies de Coralie. Elles sont assises toutes les trois au fond de la classe. Parfois, elles se chuchotent des blagues en cachette.

Dans une semaine, jour pour jour, c'est la fin des classes. Coralie est plus que certaine de passer en troisième année car elle a obtenu de bonnes notes tout au long de l'année. Madame Mireille est une très bonne enseignante et prend le temps d'expliquer et d'aider tous les élèves afin que tout le monde comprenne bien.

Le programme de la dernière semaine est très chargé. Les quatorze élèves relâcheront les

Le monde de Coralie

papillons dans la nature et iront jouer au parc, situé tout près de l'école. Beaucoup d'autres activités sont prévues au programme.

Le lundi matin, tous les élèves de la classe sont appelés à se rendre au parc. Une journée de jeux est prévue! Les enfants partent donc en rang, deux par deux, vers l'espace vert.

Rendues au parc, Coralie, Marilou et Loralie se précipitent dans l'immense bateau au centre du terrain de jeu. C'est là où sont les glissades colorées, certaines droites, d'autres qui tourbillonnent. On trouve aussi une grande passerelle entre le bateau et la tour de garde. Et c'est tout en haut de cette tour que les trois amies aiment se retrouver. Un petit toit et de hauts garde-fous font de cet endroit une place secrète parfaite pour les trois complices.

Ce n'est pas la première fois que les fillettes se rendent en haut de cette tour. Elles y passent souvent des heures à se raconter des histoires et à descendre par la plus grande glissoire du parc, celle qui part de leur cachette. Tout en bas, sous la tour, il y a du sable. Un grand carré de sable où les amies font des châteaux et des pièges pour se protéger des méchants qui pourraient venir chercher leur princesse prisonnière. Jamais les trois amies ne se séparent.

Le temps file et, à la fin de l'après-midi, la cloche retentit. Les élèves de Madame Mireille retournent à l'école pour prendre leurs sacs et monter dans leur autobus.

Arrivée à la maison, Coralie se dépêche d'appeler Marilou et Loralie pour retourner au parc afin de finir leurs jeux. C'est ainsi tous les jours car ce sont les meilleures amies du monde entier!

La dernière semaine d'école passe rapidement, peut-être même un peu trop. Sans même que les trois amies s'en rendent compte, la dernière journée est déjà arrivée. Aujourd'hui, des surprises attendent les enfants. Leurs efforts sont récompensés et tout le monde est prêt à faire la fête.

Le monde de Coralie

Un dîner spécial est organisé par les enseignants. Les élèves mangent de la soupe, du spaghetti et des brioches pour le dessert. Un film de dessins animés est présenté pendant le repas. Tout est parfait!

En fin de journée, les parents viennent assister à la remise des prix et mentions des élèves méritants. Coralie est heureuse que ses deux parents soient présents car elle reçoit une mention spéciale de bonne conduite de la part de Madame Mireille.

Les vacances d'été peuvent enfin commencer! Coralie a bien hâte de savoir ce que ses parents ont planifié. Ils font toujours des voyages, des activités dans la nature, du camping ou des séjours de pêche. Michel, le papa de Coralie, adore la pêche. Été comme hiver, la jeune fille ne rate jamais une occasion de l'accompagner.

Le monde de Coralie

2

Coralie part en vacances

La première journée des vacances vient à peine de commencer quand les parents de Coralie lui dévoilent le déroulement de l'été. Coralie est tout excitée. Elle commencera ses vacances chez sa grand-mère. Elle passera une semaine entière dans la grande maison toujours pleine de trésors cachés!

Coralie adore explorer et partir à la recherche de trésors.

Après le déjeuner, la jeune fille se rend dans sa chambre préparer sa petite valise. Elle appelle ses amies pour leur dire qu'elle part pour une semaine. Léo, le petit frère de Coralie, ne viendra pas avec elle. Il restera avec ses parents. La jeune fille est enchantée de pouvoir avoir ses grands-parents pour elle toute seule. Elle pourra faire tout ce dont elle a envie.

Après le dîner, la petite famille va reconduire Coralie en voiture. La grande maison verte de sa grand-mère n'est qu'à cinq rues de la maison. Les voilà déjà arrivés! Coralie dit au revoir à ses parents et son petit frère et donne à chacun des bisous.

Elle court ensuite jusqu'à la porte et frappe trois fois. Juliette, la grand-mère de Coralie, la laisse entrer et lui fait un énorme câlin. Un chaton vient également accueillir Coralie. La jeune fille ne l'a jamais vu auparavant. Se pourrait-il que ce soit une surprise pour elle? Sa grand-mère acquiesce : elle

Le monde de Coralie

est allée chercher le petit chat la semaine dernière. Coralie saute de joie : elle est heureuse d'avoir un animal de compagnie pendant ses vacances chez ses grands-parents!

Après avoir joué un peu avec le chat et discuté avec ses grands-parents, Coralie entre dans la chambre que sa grand-mère lui a aménagée il y a deux ans. Une grande pièce aux murs roses et un lit avec des couvertures de princesse. Elle adore sa chambre. Coralie pose sa valise sur la petite chaise, près de la fenêtre. Une grande fenêtre qui donne sur la cour arrière. Des jeux gonflables, des glissoires et un carré de sable y sont aménagés. Un vrai parc juste pour elle.

Quand Juliette appelle la jeune fille pour le souper, cette dernière arrive en courant. Elle a une faim de loup après cette première journée de vacances. La grand-mère de Coralie fait toujours d'énormes soupers.

Sur la table bien mise, il y a trois bols de soupe, un gros jambon, des patates, de la salade de macaronis et une assiette pleine de légumes avec une trempette pour les accompagner.

Après avoir tout mangé et en avoir redemandé deux fois, la fillette se rend lourdement jusqu'à la salle de bain. Elle fait couler l'eau de la baignoire et ajoute beaucoup de bain moussant.

Une douce odeur de lavande remplit la pièce. Un sac de jouets est accroché au mur, au-dessus du bain. Coralie prend son temps et joue longtemps dans l'eau. Une fois les orteils et les doigts plissés, la fillette décide de sortir.

Coralie enfile son pyjama bleu préféré qu'elle a glissé plus tôt ce matin-là dans sa valise. En vacances chez sa grand-mère, Coralie se permet de se coucher un peu plus tard que chez elle. Ses grands-parents la laissent veiller avec eux. Elle met ses pantoufles en forme de renard et rejoint ses grands-parents dans le salon. Son grand-père regarde une partie de hockey.

Le monde de Coralie

La jeune fille adore s'assoir devant la télévision avec son grand-père. Il lui apporte des croustilles, privilège qu'elle obtient seulement chez ses grands-parents.

La nuit est tombée depuis bien longtemps et Coralie est fatiguée de sa journée. Elle souhaite bonne nuit à ses grands-parents et va boire un verre d'eau avant de se coucher.

Elle se rend dans sa chambre, pose sa tête sur l'oreiller et s'endort immédiatement. Elle rêve de trésors fabuleux qu'elle trouve un peu partout dans la maison sans s'attendre à la surprise que lui réserve sa grand-mère pour le lendemain.

3

Le grenier

Le lendemain, après le déjeuner, Juliette propose à Coralie de faire une activité bien spéciale. Elle amène la jeune fille à l'étage, au fond du couloir.

Devant la porte de la salle de bain, il y a une trappe au plafond qui a toujours intrigué Coralie. La vieille dame tire sur la longue corde attachée à la trappe. La planche de bois descend dans un affreux grincement et une échelle apparaît! Coralie n'en croit pas ses yeux.

Il y a longtemps, lui raconte sa grand-mère, quand son mari et elle sont arrivés dans cette maison, ils ont rangé dans le grenier leurs vieux meubles et leurs souvenirs de jeunesse. Puis ils n'y sont jamais remontés. Depuis quelque temps, la vieille dame songe à faire le ménage de cet endroit. C'est avec sa petite-fille Coralie qu'elle voulait le faire.

La jeune fille agrippe donc fermement l'échelle et grimpe lentement. Tout est poussiéreux. Il y a des toiles d'araignée un peu partout. Une petite fenêtre ronde laisse entrer la lueur du soleil.

Tout semble avoir été figé dans le temps. Des vieilles mallettes, des cadres, des bureaux... remplis de trésors? Qui sait, il va falloir que Coralie fouille partout. Elle en a pour des jours à faire le tour de tout le grenier. La jeune fille a de quoi s'occuper pendant ses vacances.

Le monde de Coralie

Elle examine bien tous les recoins de la pièce afin de savoir par où commencer. Coralie a apporté sa loupe de détective et la sort de sa poche. Trois mallettes sont posées devant elle et un énorme coffre se trouve sur sa gauche. À sa droite, des cadres et deux bureaux de bois sur lesquels sont déposés des miroirs. Elle commence par regarder les photos encadrées. Ce sont des images en noir et blanc de sa grand-mère et de son grand-père quand ils étaient enfants. Les photos doivent être très vieilles!

Après avoir pris le temps de regarder tous les clichés avec sa grand-maman, qui avait une histoire pour chacun d'entre eux, Coralie passe à la fouille des bureaux. Elle garde le meilleur pour la fin. Elle ouvre chacun des tiroirs des deux bureaux et découvre des vêtements de l'ancien temps, usés à la corde.

Sa grand-mère lui explique que quand elle était jeune, les vêtements usaient beaucoup plus vite car les gens n'en avaient pas beaucoup et les lavaient à la main sur une planche à laver.

Coralie s'amuse à se déguiser avec les vêtements de sa grand-maman et joue à vivre comme dans l'ancien temps. Elles redescendent dans la maison vers la fin de l'avant-midi pour pouvoir prendre leur dîner.

La fillette est plus qu'impatiente de pouvoir retourner dans le grenier!

4

Le grand nettoyage

Un peu plus tard cet après-midi-là, alors que le soleil brille par la fenêtre de la pièce poussiéreuse, Coralie et Juliette se sont mises à la tâche, un chiffon à la main.

Elles ont entrepris de nettoyer tout le grenier. Après avoir balayé le sol, les deux complices sont enveloppées dans une légère brume blanche. Elles nettoient un par un les tableaux et photos qu'elles ont regardés plus tôt ce matin-là.

Elles vident ensuite tous les tiroirs des bureaux et les frottent longuement. Quand cette partie du grenier est terminée, tout brille comme au jour de l'arrivée de grand-mère Juliette.

Après avoir passé une bonne heure à frotter, elles peuvent maintenant aller voir ce que contiennent les fameuses mallettes et le vieux coffre.

L'immense boîte de bois est verrouillée avec un cadenas. Mais où peut bien se trouver la clé?

Coralie pose la question à sa grand-mère. Juliette se frotte le menton mais n'arrive plus à se rappeler où elle a bien pu mettre cette fameuse clé. Il faut que la jeune fille découvre ce mystère, elle est certaine que son trésor se trouve dans cette cachette.

Les trois mallettes sont bien alignées les unes à côté des autres. Une rouge, une bleue et une verte. Coralie décide d'ouvrir d'abord la bleue, la plus petite des trois.

La jeune fille appuie sur les boutons du mécanisme d'ouverture. Il grince et s'ouvre sans trop de problème.

À l'intérieur se trouvent des croquis dessinés au crayon. Des tas de dessins de la maman de Juliette, de ses frères et sœur et de son chien. Des centaines de croquis, éparpillés un peu partout dans la mallette.

La grand-mère de Coralie a acheté quelques albums afin de classer les dessins et, surtout, éviter qu'ils se brisent en les descendant du grenier!

Le reste de la journée, Coralie et sa grand-mère classent les beaux croquis, se racontent des histoires et rigolent bien.

Une fois la mallette entièrement vide, Juliette la donne à Coralie. Elle lui dit qu'elle pourra à son tour ranger ses trésors à l'intérieur. La jeune fille est très contente de ce cadeau. Elle n'a pas d'endroits précis pour ranger ses découvertes.

Le lendemain matin, les deux complices remontent au grenier, chiffon à la main. Elles poursuivent leur ménage. Après avoir vraiment tout nettoyé, elles ouvrent la deuxième mallette, la bleue.

La mallette est très lourde. Coralie n'est même pas capable de la déplacer. Elle appuie sur les boutons et, encore une fois, le vieux mécanisme grince avant de s'ouvrir.

Des tas de roches se trouvent à l'intérieur. Toutes rangées dans des petits contenants de plastique, il y en a de toutes les couleurs.

Le monde de Coralie

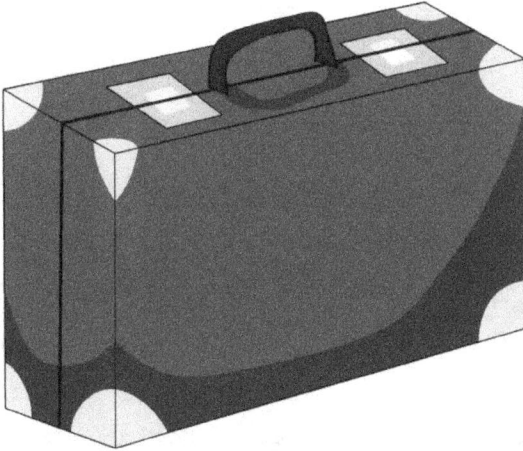

La vieille dame montre à Coralie chacune des roches et des pierres précieuses. C'est la collection de roches du grand-père de Coralie.

Aujourd'hui, il n'a plus vraiment d'intérêt pour cette collection, mais dans son jeune temps, il en a passé du temps à rassembler toutes ces cailloux!

Juliette propose à Coralie d'apporter la collection chez elle. Une collection tout entière de roches, pour elle toute seule! Coralie est ravie. Bien entendu qu'elle les accepte.

Coralie se voit déjà en train de dénicher d'autres roches et de faire des recherches sur celles qu'elle a déjà

Le soir venu, la clé mystère du coffre n'est toujours pas retrouvée. C'est dommage car il ne reste qu'une mallette à ouvrir et les chances sont assez minces qu'elle y soit. Peut-être que Coralie et Juliette ne pourront jamais ouvrir le grand coffre! Il faut absolument que la jeune fille trouve la clé.

5

La découverte

Le matin arrive très vite après une nuit sans rêves. Le soleil brille déjà dehors. Coralie va prendre son petit déjeuner avec ses grands-parents. Après avoir mangé ses rôties au chocolat, Coralie monte au grenier avec sa grand-maman.

La jeune fille s'approche de la dernière mallette et active le mécanisme d'ouverture. Le soleil entre dans la pièce par la petite fenêtre et frappe sur le contenu de la mallette.

Coralie est éblouie, tout brille de mille feux. La valise est remplie de bijoux de toutes sortes. Des colliers, des bagues, des bracelets, des boucles d'oreilles et des épinglettes ont été déposés là, pêle-mêle.

Coralie trouve sa grand-mère bien chanceuse de posséder autant de bijoux. En plus, ce sont des bijoux très vieux qui, devine-t-elle en surprenant Juliette les yeux remplis d'eau, ont une histoire particulière pour la vieille femme.

Les deux complices séparent les bijoux en deux catégories. Ceux qui ont terni, donc qu'on ira faire nettoyer chez le bijoutier, et ceux qui sont encore propres.

Dans le fond de la mallette se trouve une bague bien spéciale. L'anneau sans pierre porte une inscription. Le nom « Coralie » y est gravé! Juliette explique à la jeune fille que sa grand-mère s'appelait également Coralie.

C'était la bague de l'arrière-arrière-grand-mère de Coralie! Est-ce que ses parents ont choisi son nom parce que la grand-maman de sa grand-mère était une personne importante?

Un nouveau mystère se pointe à l'horizon. La jeune fille doit à tout prix savoir qui était son arrière-arrière-grand-mère Coralie, et ce qu'elle a fait de si exceptionnel! Elle jette un œil sur l'horloge grand-père posée dans le coin de la pièce. L'heure du souper est déjà arrivée.

La jeune fille n'a pas vu la journée passer. Sa grand-mère et elle descendent du grenier et Coralie va jouer dans la cour arrière pendant que Juliette prépare le souper. Un peu plus tard, quand la jeune fille entre dans la cuisine pour manger, la table est déjà bien mise. Coralie sait qu'elle aura droit à un repas copieux encore une fois. Elle regarde dans le four pour voir ce qui sera servi ce soir.

Une lasagne est en train de cuire. L'odeur de la sauce à spaghetti envahit le nez de la fillette. Que ça sent bon!

Pendant qu'elle regarde avec appétit les bulles de fromage dorer doucement, son grand-père vient s'assoir à table. Il semble d'excellente humeur. C'est son repas favori, il en mange même deux assiettées.

Après le souper, Coralie monte dans sa chambre afin d'examiner de plus près sa collection de roches. Il y en a de toutes les couleurs et de toutes les tailles, des polies et d'autres rugueuses. Il y en a sûrement aussi des précieuses mais la fillette ne sait pas lesquelles exactement.

Tout en regardant ses roches, Coralie ne peut s'empêcher de repenser à son arrière-arrière-grand-mère. Il y a quelque chose qui attire la jeune fille mais elle ne sait pas quoi.

N'étant pas capable de s'intéresser totalement à ses roches ni de penser à autre chose qu'à son arrière-arrière-grand-mère, Coralie décide finalement d'aller se coucher.

Ce soir-là, Coralie rêve de son arrière-arrière-grand-mère et de tout ce qu'elle a pu faire dans sa vie. Elle rêve d'une grande femme professeure à l'allure propre et soignée. Elle la voit également musicienne ou encore peintre reconnue dans le monde entier.

Ou encore en maman géniale, qui reste à la maison pour élever ses douze enfants et veiller à ce que personne ne manque de rien.

6

La surprise de Coralie

Coralie se réveille en sursaut. Un oiseau est posé sur le rebord de sa fenêtre et frappe à la vitre. À voir le soleil si bas dans le ciel, la jeune fille est certaine qu'il ne doit pas être plus de six heures. Elle prend le temps de choisir ses vêtements bien rangés dans ses deux bureaux. Une chemise rose et noir à carreaux et des pantalons noirs pour une journée de recherches. Ce sont toujours ces vêtements que Coralie choisit quand elle joue au détective et interroge des membres de la famille.

Elle se rend dans le salon et regarde une émission de télévision en attendant que ses grands-parents se réveillent. Ils ont l'habitude de se lever vers huit heures, jamais avant. Les personnes âgées ont besoin de dormir plus longtemps, lui a dit un jour son grand-père.

Regardant l'heure dans la cuisine, Coralie a une idée de génie. Elle va préparer le déjeuner pour tout le monde. Coralie prend un papier et dresse une liste des tâches pour que le déjeuner soit parfait.

Son grand-père mange deux rôties au beurre d'arachide avec un grand café. Elle se rappelle qu'il met toujours un peu de lait et deux petites cuillères de sucre dans sa tasse. Juliette mange deux croissants avec de la confiture de framboises et un café noir. Coralie sait très bien ce qu'elle veut pour le déjeuner. Un croissant avec du chocolat et un grand verre de lait.

Une fois sa liste terminée, la fillette est prête à commencer. Il est sept heures et trente minutes. Elle a donc le temps de préparer le déjeuner pour tout le monde et d'aller réveiller ses grands-parents au bon moment, quand tout sera prêt.

Elle pose sa liste sur le comptoir, près du grille-pain. Elle va dans le réfrigérateur, sort le lait, la confiture de framboises et les croissants. Elle se rend dans le garde-manger et prend le café déjà moulu afin de le mettre dans la machine à café.

Elle tire une chaise de la table et l'apporte près de la fenêtre où se trouve l'armoire qui contient le sucre. Coralie va ensuite dans une boîte en bois faite à la main par son grand-père. Un pain se trouve à l'intérieur.

La jeune fille place deux tranches de pain dans le grille-pain. Elle appuie sur le bouton pour faire cuire le pain et passe ensuite à la cafetière. Elle y verse deux tasses d'eau, vide le café moulu dans le filtre et fait couler le café.

Elle se rappelle que sa grand-mère fait réchauffer les croissants dans le four à micro-ondes mais ne sait pas pendant combien de temps. Coralie prend les deux croissants de sa grand-mère et les met dans le four. Elle essaie vingt secondes en espérant qu'ils ne soient pas trop chauds.

Pendant ce temps, le café coule dans la carafe. Coralie tire sa chaise devant l'armoire où sont rangés les verres. Elle sort deux tasses et un grand verre. Les rôties sautent du grille-pain et retombent comme par magie dans la soucoupe posée juste devant. Coralie doit se dépêcher.

Elle redescend de sa chaise et court jusqu'au garde-manger. La jeune fille sort le beurre d'arachide et le chocolat à tartiner. Elle s'arrête au tiroir des ustensiles afin de prendre un couteau puis se rend devant le grille-pain. En même temps, la sonnerie du four à micro-ondes retentit. Ouf! C'est beaucoup de travail, finalement.

Elle tartine à toute vitesse les rôties de son grand-père avant qu'elles ne soient froides. Elle en met peut-être un peu trop mais ce sera bon quand même. Elle ouvre ensuite la porte du four et sort les deux croissants. Ouille! Ils sont vraiment trop chauds.

Coralie met de la confiture de framboises dans la soucoupe avec les croissants et se dit qu'ils devraient avoir le temps de refroidir un peu avant que sa grand-mère les mange.

Elle apporte le déjeuner de ses grands-parents sur la table et s'occupe des tasses de café. Celui de sa grand-mère est facile à faire. Coralie est certaine de ne pas se tromper. Elle vide du café bien chaud dans la première tasse et l'apporte rapidement à la table avant de se brûler les mains. Pour son grand-père, elle n'est pas trop sûre des quantités. Elle vide un peu de lait et met les deux petites cuillères de sucre dedans en espérant que le tout est correct.

En vitesse, elle fait son déjeuner afin de pouvoir être à la table avec ses grands-parents. La table est bien mise et ça sent bon dans la maison. Coralie se félicite d'avoir eu cette idée, ses grands-parents seront contents de la surprise! La jeune fille regarde l'horloge : elle indique huit heures et cinq minutes. L'heure parfaite pour réveiller ses grands-parents.

Elle entre doucement dans la chambre de sa grand-mère. Le grand-père de Coralie ronfle très fort. La fillette se demande même comment fait sa grand-maman pour dormir avec un tel vacarme.

Elle s'approche et saute sur le lit. Juliette et Alfred se réveillent en sursaut. La jeune fille leur annonce qu'une surprise les attend. Coralie revient dans la cuisine et s'assoit à la table pendant que ses grands-parents se lèvent et s'habillent.

Coralie est très fière de son travail. Maintenant, elle sait combien il est difficile et fatiguant de préparer les repas. Elle se dit qu'elle pourrait aider plus souvent sa maman et sa grand-maman à les cuisiner.

Quelques instants plus tard, tous les trois sont assis à table, devant un magnifique déjeuner.

Le monde de Coralie

7

L'interrogatoire

Pendant que les grands-parents de Coralie s'installent pour manger, la jeune fille se prépare à poser des questions sur son arrière-arrière-grand-mère qui a porté par le passé le même nom qu'elle.

En regardant sa grand-mère dans les yeux, avec un air sérieux, Coralie commence son interrogatoire.

- Je veux savoir qui était mon arrière-arrière-grand-mère, dit Coralie à Juliette.

La vieille dame observe un instant la jeune fille, amusée par la façon dont s'y est prise Coralie afin de soutirer des informations.

La vieille dame lui explique que sa grand-mère préférée était Coralie et qu'elle adorait aller la voir et écouter ses histoires. Elle avait quelque chose de particulier mais Juliette ne sait toujours pas quoi exactement.

- A-t-elle eu beaucoup d'enfants? questionne la jeune fille.

La dame sourit un instant. Oui, elle avait eu vraiment beaucoup d'enfants. Dix-sept au total. La maman de Juliette était la petite dernière de toute la famille. La grand-maman de Coralie rit en voyant les yeux ronds de la jeune fille.

Le monde de Coralie

- A-t-elle fait un travail qui sort de l'ordinaire? renchérit Coralie.

Juliette se frotte le menton un instant et prend le temps de bien réfléchir. Elle n'est toujours pas certaine du travail que sa grand-mère Coralie a fait durant sa vie. Elle a été, chose certaine, une maman présente et aimante mais elle a fait une découverte qui a changé le cours de sa vie.

- Elle n'a jamais voulu nous en parler et personne ne connaît son secret.

Juliette est déçue que sa grand-mère n'ait pas pris le temps de lui dire la vérité, de lui montrer ce qu'elle avait découvert. Le mystère qui règne autour de sa grand-mère n'a jamais été résolu.

Satisfaite des réponses de sa grand-mère et voyant qu'elle ne sait rien de plus à propos de son arrière-arrière-grand-mère, Coralie termine son déjeuner en silence. Elle réfléchit à toutes les réponses que Juliette lui a données afin de trouver une piste. La jeune fille est convaincue qu'elle n'a pas hérité de ce nom pour rien. Ça ne peut pas n'être qu'une coïncidence! Peut-être que d'autres indices sont cachés dans le grenier... Coralie doit absolument trouver la clé de l'énorme coffre. Où peut-elle bien se trouver?

Après le délicieux petit déjeuner, Coralie et sa grand-mère partent faire des courses en ville. Elles vont faire l'épicerie puis vont choisir une petite gâterie pour Coralie.

En après-midi, la jeune fille joue avec son chaton et ne voit pas le temps passer. Elle crée des liens d'amitié avec la petite bête. Son poil est doux et soyeux et le chaton ronronne de bonheur. Ils s'entendent à merveille. Coralie aime beaucoup les animaux.

Le monde de Coralie

8

La clé du mystère

Le lendemain après-midi, Coralie et sa grand-mère remontent finalement au grenier. Le grand coffre n'est toujours pas ouvert et elles doivent trouver une solution. Les deux complices n'ont pas encore retrouvé la clé permettant de déverrouiller l'énorme cadenas.

Elles doivent fouiller encore car Juliette est certaine que la clé est quelque part dans la pièce. Coralie sort sa lampe de poche car la pièce est sombre : il fait nuageux dehors. La petite fenêtre ne laisse pas entrer beaucoup de lumière. La fillette prend sa loupe de la poche arrière de son pantalon. Elle regarde sous les deux bureaux mais ne trouve rien, même pas une poussière.

Coralie analyse la pièce afin de percer le mystère de la clé perdue. Il y a les cadres posés par terre, les bureaux, les mallettes, le coffre et l'HORLOGE GRAND-PÈRE! Bien sûr, la clé doit être cachée dans l'horloge grand-père, c'est le seul endroit que Coralie et sa grand-mère n'ont pas encore fouillé.

Plus Coralie s'approche, plus le tic-tac se fait entendre. C'est le son du pendule qui se balance au rythme des secondes. La jeune fille n'est pas assez grande pour aller voir sur le dessus du meuble alors elle s'étire pour tâtonner avec sa main. Elle ne trouve pas la clé mais se rend compte qu'elle a fait

Le monde de Coralie

le ménage de tout le grenier en oubliant l'horloge grand-père car elle est encore très poussiéreuse.

La jeune fille regarde par la petite fenêtre qui dévoile le pendule. Elle voit une tablette en haut de l'espace et un petit tiroir tout en bas. Il faut que Coralie vérifie ces deux endroits.

Elle ouvre la porte du pendule et arrête le mécanisme. Elle pointe sa lampe de poche sur la tablette et y trouve une clé minuscule. Ce n'est évidemment pas la clé du coffre au trésor car elle est beaucoup trop petite. Coralie regarde ensuite le tiroir et voit qu'il comporte une serrure, assez petite pour cette clé.

Retenant son souffle, Coralie entre la clé dans la serrure et entend un déclic à peine audible. Elle essaie d'ouvrir le tiroir mais celui-ci résiste. La jeune fille demande à sa grand-mère de venir l'aider un instant.

Quand Juliette s'approche de l'horloge grand-père, elle se souvient que la clé est bien cachée à l'intérieur du petit tiroir. Elle essaie de l'ouvrir mais ne réussit pas plus que sa petite-fille.

Les deux détectives sortent du grenier et se rendent dans le garage par la porte qui le relie à la maison. Seulement deux lumières éclairent la pièce tout entière. Ce n'est pas beaucoup. La grand-mère de Coralie décide d'ouvrir la grande porte électrique afin qu'un peu plus de lumière entre dans l'endroit sombre.

Le garage est très grand et en désordre. La grand-mère de Coralie ne vient jamais dans cet endroit. Des établis, des outils sur pied, des planches de bois et des brindilles recouvrent presque tout le plancher.

Elles doivent trouver un tournevis pour ouvrir le tiroir. Dans le coin du garage, il y a un énorme coffre où le grand-père de Coralie range tous ses outils.

Le coffre à outils est immense. Après avoir ouvert une dizaine de tiroirs, la fillette trouve enfin celui qui contient les tournevis. Elle en prend un à tête plate et remonte au grenier avec sa grand-mère.

Coralie sort le tournevis qu'elle avait rangé dans sa poche arrière avec sa loupe et entreprend d'ouvrir le tiroir qui se trouve dans l'horloge grand-père.

Malgré sa résistance, le tiroir finit par s'ouvrir. Une enveloppe est rangée à l'intérieur. Coralie la prend et l'ouvre. Une clé y est cachée. Un vieux modèle qu'on ne retrouve plus de nos jours.

La jeune fille regarde tour à tour la clé et le coffre. C'est certain que c'est la bonne clé!

Coralie se dirige, en compagnie de sa grand-mère qui a un sourire en coin, vers le coffre tant convoité. La jeune fille est bien curieuse de savoir ce qui peut se cacher dans ce coffre au trésor.

Débordant d'imagination, la jeune fille pense à toutes les possibilités qui s'offrent à elle. Des toutous, des pièces de monnaie, des jouets, du chocolat ou même peut-être des déguisements? Elle ne peut plus attendre. Elle doit ouvrir ce coffre!

Le monde de Coralie

9

Le coffre au trésor

Coralie s'approche du coffre et met la clé dans la petite ouverture. Un bruit se fait entendre. La serrure est donc déverrouillée. Malgré la lourdeur du couvercle, la jeune fille réussit à ouvrir le coffre.

Bouche bée, Coralie examine le contenu du coffre. Juliette s'approche de la fillette et pose une main sur son épaule. Elle lui dévoile que tout le contenu du coffre appartenait à son arrière-arrière-grand-mère Coralie. La jeune fille n'arrive pas à y croire. Il y en a pour des jours à tout regarder, à lire tous les livres et à regarder les croquis et dessins.

La grand-mère de Coralie se penche à côté de la jeune fille. Ça fait très longtemps qu'elle attend ce grand jour, le jour où elle donnera tous les souvenirs de sa grand-mère à sa petite-fille. La vieille dame remet à Coralie la bague avec son nom inscrit dessus et lui dit qu'elle peut prendre tout son temps pour explorer les profondeurs du coffre.

Juliette redescend dans la maison, laissant Coralie toute seule avec son trésor.

La jeune fille essaie la bague. Elle est un peu grande mais elle tient dans son pouce droit. À l'instant même où Coralie enfile la bague, quelque chose de bizarre se produit. Tout son univers change brusquement. Un silence complet s'installe et les couleurs ne sont plus les mêmes. La jeune fille ressent un danger. Elle ne peut pas dire ce que c'est, mais elle a vraiment peur. Coralie enlève la bague rapidement, le souffle court.

Elle décide de porter le bijou comme pendentif à son collier, de peur que le phénomène se reproduise. Voilà une bague bien particulière!

Coralie reprend ses esprits et regarde le coffre. Elle décide d'en faire la fouille afin de se changer les idées. Elle pige une robe verte et une bleue, toutes les deux de la taille de la jeune fille. Les vêtements sont très usés et même rapiécés par endroits. Elle s'imagine son arrière-arrière-grand-mère portant ces robes.

Sous les vêtements se trouvent deux livres écrits à la main. Des pensées et des réflexions, racontées au fil des années.

Il y a également une épinglette en forme de papillon, une plume et de l'encre, qui ont sûrement servi pour écrire les deux livres.

Tout au fond du coffre, Coralie découvre un plan bizarre. Probablement pour trouver une pièce cachée ou un trésor, mais rien n'est inscrit sur le papier et ce n'est certainement pas ici que l'aïeule a dessiné sur ce plan car c'est Alfred qui a construit la maison.

Ayant trop de mystères à résoudre, Coralie décide d'aller rejoindre sa grand-mère. Les réponses viendront en temps et lieu, la fillette le sait.

La nuit est déjà tombée quand Coralie s'assoit sur le divan en compagnie de ses grands-parents.

Elle n'a pas vu sa journée passer, encore une fois. Un chocolat chaud l'attend sur la table de salon.

Juliette semble très heureuse. Collées l'une contre l'autre, Coralie et sa grand-mère regardent un dessin animé à la télévision. Le grand-père de Coralie n'est pas là ce soir. Il est parti jouer au billard avec ses amis.

Les parents de Coralie viennent la chercher demain matin, alors elle veut passer une belle soirée en bonne compagnie avant de partir. Coralie ne veut pas quitter cette maison tout de suite, elle s'amuse tellement bien.

Quand le film se termine, la fillette monte dans sa chambre pour aller se coucher. Mais en poussant la porte de sa chambre, Coralie sursaute : le coffre du grenier se trouve, comme par magie, dans sa chambre. C'est sûrement son grand-père qui le lui a descendu avant de partir jouer avec ses amis, se dit-elle.

Elle se couche, exténuée de cette journée remplie d'émotions et d'informations à analyser. Elle se blottit dans ses couvertures de princesse et ferme les yeux en attendant que le sommeil vienne.

Elle rêve à son arrière-arrière-grand-mère, une magnifique femme qui lui ressemble drôlement!

Le monde de Coralie

10

Le retour à la maison

Le lendemain matin, la jeune fille range tout ce qu'elle a apporté chez sa grand-mère dans sa petite valise. Elle a du mal à la refermer mais elle réussit en s'assoyant dessus.

Après le petit déjeuner, les parents et le petit frère de Coralie arrivent. La jeune fille va chercher tous ses effets personnels dans sa chambre. Sa valise, sa couverture et un sac de chocolat dans les bras, elle redescend avec difficulté l'escalier.

Grand-père Alfred apporte le coffre et le dépose dans l'auto. C'est le plus gros trésor que Coralie a trouvé de toute sa vie. Avec le lot de mystères à résoudre qui vient avec, la jeune fille a de quoi s'occuper pour un bon bout de temps.

Toute la petite famille est à nouveau réunie. Assise dans l'auto, Coralie regarde la maison de ses grands-parents s'éloigner. Elle a adoré ses vacances et elle est triste de quitter ce petit nid douillet.

Arrivée chez elle, Coralie décide de faire un beau dessin pour sa grand-mère afin de la remercier. Elle réalise également un bricolage en forme de tournevis pour dire merci à son grand-père. Une fois les surprises terminées, la jeune fille les place dans une enveloppe et demande à sa mère de la poster dès le lendemain matin.

Le monde de Coralie

Léo, le petit frère de Coralie, est plus que content de la voir. Depuis qu'elle est de retour, il saute et court partout dans la maison. Il attend impatiemment sa grande sœur pour aller jouer dehors.

Coralie sort donc avec son petit frère pour jouer au ballon. La cour est beaucoup plus petite chez elle que chez ses grands-parents. Malgré tout, Coralie et Léo jouent et courent partout avec le ballon pendant une heure. Une petite voix au loin les appelle pour le souper. Frère et sœur entrent dans la maison et vont s'assoir à la table. Un bon repas les attend. Du pâté chinois est servi avec du jus d'orange.

Pendant la soirée, Coralie monte dans sa chambre avec tous ses bagages. Elle remet toutes ses choses à leur place et retrouve son ourson en peluche qu'elle a oublié d'emporter pendant ses vacances.

Dans le coin de la pièce, le coffre au trésor est là. Il attend que Coralie l'ouvre à nouveau, afin de percer les mystères entourant son arrière-arrière-grand-mère.

La fillette compte bien les résoudre. Elle touche à sa bague, accrochée à son collier, sans toutefois l'enfiler. Quelque chose d'étrange entoure cette bague mais Coralie ne peut pas dire ce que c'est.

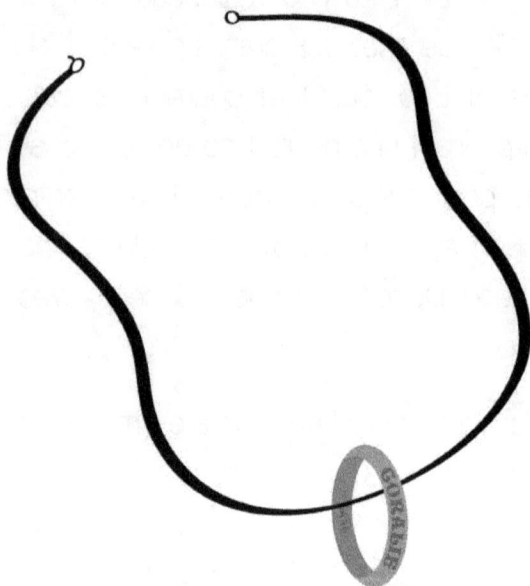

II

Une nouvelle surprenante

Le lendemain matin, les parents de Coralie l'appellent depuis la cuisine. La jeune fille descend de sa chambre et court les rejoindre. Son petit frère est là lui aussi. Tout est calme et silencieux...

Coralie regarde tour à tour sa mère et son père afin de comprendre pourquoi ils sont si sérieux.

Maman explique : la semaine dernière, pendant que Coralie était chez sa grand-mère, ses parents ont beaucoup réfléchi. Une maison est en vente dans une autre ville. Ce n'est pas n'importe quelle maison. Elle appartient à la famille depuis des générations.

L'oncle de Coralie a averti ses parents de cette vente. Ils expliquent à la jeune fille qu'ils vont l'acheter afin que la maison demeure dans la famille.

Par contre, ils devront déménager et changer de ville. C'est très loin, mais la place est agréable. Dans deux mois, jour pour jour, aura lieu le déménagement.

Coralie est sous le choc. Tous ses plans pour la prochaine année s'effondrent. Elle va devoir changer d'école, changer de chambre, perdre ses amies, s'éloigner de ses grands-parents... Cette nouvelle est terrifiante!

La jeune fille se réfugie dans sa chambre. Ses parents la laissent partir pour qu'elle réfléchisse. Coralie fait le tour de sa belle chambre, décorée à son goût.

D'un rose vif, les murs sont parfaits. Un tapis en forme de fleur, un lit avec une grande couverture blanche et plein de coussins en forme de fleurs composent le décor. Sa table de chevet comporte un tiroir qui se verrouille afin de cacher ses trouvailles. Tout est parfait. Elle n'arrive pas à croire qu'elle devra tout recommencer.

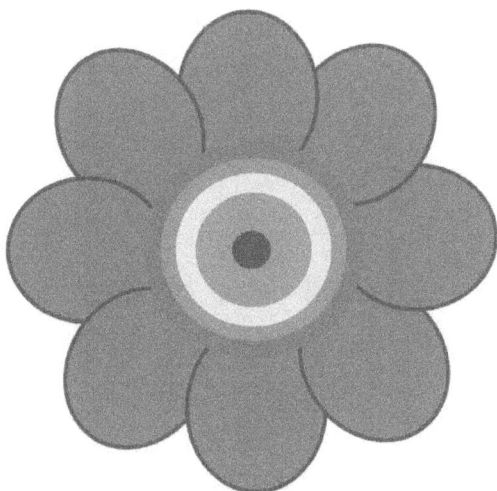

Après avoir passé la matinée dans sa chambre, Coralie redescend dans la cuisine. Ses parents y sont toujours. Elle demande à sa mère si elle pourra choisir sa nouvelle couleur de chambre et sa nouvelle décoration. Elle lui explique ce qu'elle aimerait. Sa mère est bien d'accord.

Coralie pose des questions à propos de sa nouvelle école et des amis qu'elle ne connait pas du tout. Ses parents la rassurent en lui disant que l'école sera aussi bien qu'ici et qu'elle n'aura aucune difficulté à se faire de nouveaux amis.

Coralie devra attendre d'être arrivée sur place pour voir si elle aime l'idée du déménagement.

Après une journée à réfléchir, à ranger et préparer sa chambre pour le déménagement qui s'en vient, la jeune fille est épuisée. Elle remonte dans sa chambre et va se blottir dans son lit. Sa maman monte derrière elle. Elle lui donne un baiser et lui souhaite de passer une belle nuit.

Le lendemain matin, Coralie est de meilleure humeur. Elle prend le téléphone et appelle ses deux meilleures amies, Marilou et Loralie. Elle leur demande de venir à la maison, car elle a quelque chose de très important à leur dire.

À peine dix minutes plus tard, les deux amies arrivent. Coralie sort dehors et va s'assoir sur son banc préféré, celui sous le grand chêne.

Elle raconte toute l'histoire à ses amies. Elle leur dit qu'elle leur écrira souvent et qu'elle va même les inviter dans sa nouvelle maison.

La grand-mère de Coralie ne déménage pas, elle. Alors, chaque fois que la jeune fille viendra visiter ses grands-parents, les trois amies pourront se voir. Coralie en a même déjà parlé avec sa grand-mère et il n'y a aucun problème.

En attendant le grand jour, la jeune fille joue le plus souvent avec ses amies et essaie de se préparer du mieux qu'elle le peut à sa nouvelle vie.

Des inquiétudes restent dans la tête de Coralie. Trop d'incertitudes sont liées à sa nouvelle vie. La jeune fille adore trouver des solutions aux problèmes et tout savoir sur un sujet. Mais là, elle vit de l'inconnu, du nouveau... et il n'y a pas moyen de savoir à l'avance ce qui va se produire.

La jeune fille attendra donc le jour du déménagement avec impatience afin d'obtenir les réponses à toutes ses questions...

Fin

Le monde de Coralie

Table des matières

Table des matières (suite)

Le monde de Coralie

Mot de l'auteure
Marie-Eve Provencher

Inspirée de mes filles, Coralie est une fillette dynamique, curieuse, intelligente et qui aime les défis de taille. Dans un univers que vous pouvez vous approprier, vous pourrez laisser votre imagination façonner l'histoire dans votre tête.

J'ai ajouté quelques illustrations afin de vous aider à créer vos décors. L'histoire se poursuivra au fil de plusieurs tomes afin de faciliter votre lecture. Quoi de mieux pour vous donner le goût de lire?

J'aime bien être près de mes fidèles lecteurs. Je n'ai pas toujours la chance de tous vous rencontrer et pouvoir discuter avec vous. Je vous invite donc à partager avec moi vos commentaires, vos impressions, vos dessins du monde de Coralie ou tout simplement ce qui vous passe par la tête. Une réponse de ma part vous sera envoyée avec joie!

Avec l'aide de vos parents, vous pouvez m'écrire à :

www.livrefantaisie.ca

ou

marie-eve@livrefantaisie.ca

N'oubliez pas de me laisser vos coordonnées afin que je puisse vous répondre personnellement.

À vous, chers parents ou grands-parents, qui avez probablement choisi et acheté ce livre pour votre enfant, je dis merci. Merci d'avoir confiance en mes histoires, de m'avoir choisie parmi tous ces auteurs d'histoires pour enfants.

Si vous désirez être informé de mes prochaines sorties et prochains lancements ou séances de dédicace, veuillez me le faire savoir par la poste ou par courriel aux adresses déjà inscrites.

Au plaisir de vous
revoir dans mes
prochaines histoires!

Coralie

Le monde de Coralie

Le monde de Coralie